Siglo XXI:
MISTERIOS DEL ESPACIO SIDERAL

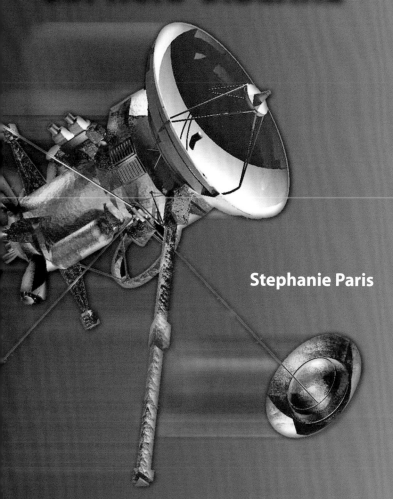

Stephanie Paris

Consultores

Timothy Rasinski, Ph.D.
Kent State University

Lori Oczkus
Consultora de alfabetización

Matt Heverly
Ingeniero de la NASA

Basado en textos extraídos de
TIME For Kids. *TIME For Kids* y el logotipo
de *TIME For Kids* son marcas registradas
de TIME Inc. Utilizados bajo licencia.

Créditos de publicación
Dona Herweck Rice, *Jefa de redacción*
Conni Medina, *Directora editorial*
Lee Aucoin, *Directora creativa*
Jamey Acosta, *Editora principal*
Lexa Hoang, *Diseñadora*
Stephanie Reid, *Editora de fotografía*
Rane Anderson, *Autora colaboradora*
Rachelle Cracchiolo, *M.S.Ed.,*
    Editora comercial

Créditos de imágenes: tapa, págs. 3–5,
8–11, 16–21, 28–29, 32–33, 33, 36, 36–39,
44–45, 45, 48–49, 53 (izquierda), 54–64
NASA; pág. 26 (abajo) iStockphoto; págs.
23 (abajo), 55 REUTERS/Newscom; pág. 38
ZUMA Press/Newscom; págs. 23 (arriba),
36, 42, 46–48, 50–51, 64 (abajo) Photo
Researchers Inc.; pág. 35 (ilustración)
Stephanie Reid; págs.30–31, 37, 40–41
(ilustraciones) Timothy J. Bradley;
todas las demás imágenes de Shutterstock.

Teacher Created Materials
5301 Oceanus Drive
Huntington Beach, CA 92649-1030
http://www.tcmpub.com
ISBN 978-1-4333-7133-2

TABLA DE CONTENIDO

¿QUÉ HAY ALLÍ AFUERA?

Cuando miras el cielo nocturno, ¿en qué piensas? ¿Te imaginas visitando aquellas estrellas lejanas? ¿Te preguntas si hay vida allí afuera? ¿Te preguntas cuántas estrellas hay en el cielo y de dónde vienen? Estas son las preguntas que se hacen los científicos.

En el siglo xx, los aventureros comenzaron a explorar el espacio. Construyeron cohetes potentes. Enviaron satélites a lugares distantes. ¡En la década de 1960 incluso enviaron a seres humanos a la Luna! Pero ahora estamos en el siglo xxi. La tecnología es más avanzada. Y los científicos se fijan objetivos que nos llevan mucho más lejos de casa.

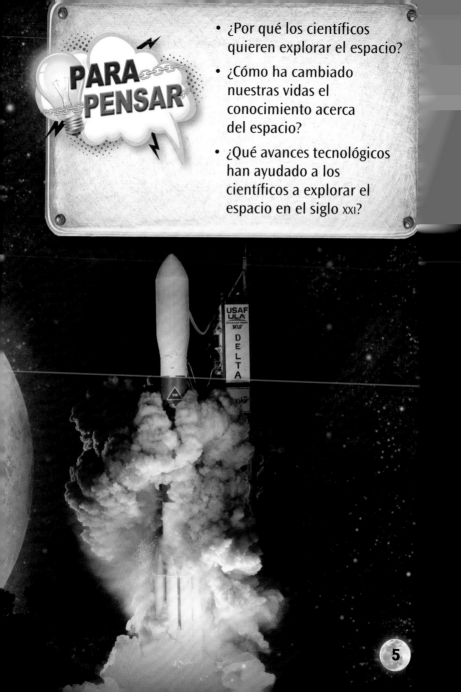

PARA PENSAR

- ¿Por qué los científicos quieren explorar el espacio?

- ¿Cómo ha cambiado nuestras vidas el conocimiento acerca del espacio?

- ¿Qué avances tecnológicos han ayudado a los científicos a explorar el espacio en el siglo xxi?

USAF
ULA

D
E
L
T
A

Una estrella se encuentra en el centro de nuestro **sistema solar**. Solo es una estrella amarilla de tamaño medio. Sin embargo, podría contener un millón de planetas del tamaño de la Tierra. Su **masa** es casi 300,000 veces la de la Tierra. La llamamos el *Sol*. Sin el Sol, la Tierra sería fría y muy oscura. La energía caliente y brillante del Sol permite que exista la vida en la Tierra. Sin la **gravedad** del Sol, la Tierra y los demás **planetas** que giran alrededor de este se dispersarían por el espacio. Sin el Sol, no habría nada que ver: ni nadie que lo viera.

BRILLAR CON LUZ PROPIA

El color de una estrella está relacionado con su tamaño. Esto se debe a que el color está relacionado con la temperatura y la temperatura, con el tamaño.

Estrellas blancas	Estrellas azules	Estrellas amarillas	Enanas rojas
75,000 °F	45,000 °F	10,000 °F	menos de 7,000 °F
tan pequeñas como la Tierra; tienen la misma masa que el Sol	mucho más grandes que el Sol; son muy brillantes y arden rápidamente	el mismo tamaño que el Sol; estables y de combustión lenta	casi un décimo de la masa del Sol; es el tipo de estrella más común

Más del 99% de la masa del sistema solar se encuentra en el Sol.

TODOS SOMOS POLVO DE ESTRELLAS

Casi cualquier **elemento** del universo se creó en una estrella muy caliente. Las estrellas más antiguas explotaron y enviaron estos elementos al universo. Con el tiempo, estos elementos se mezclaron entre sí para crear nuevas estrellas, nuevos planetas e incluso la vida en la Tierra.

NACIMIENTO DE UNA ESTRELLA

Al igual que los seres humanos, las estrellas tienen un ciclo de vida. Nacen, crecen y finalmente mueren. Pero, a diferencia del de los seres humanos, el ciclo de vida de una estrella puede durar millones de años. Del mismo modo que los seres humanos, las estrellas mueren a edades diferentes. Los humanos mueren cuando sus cuerpos se deterioran. Las estrellas mueren cuando se quedan sin combustible.

Se forma una estrella más pequeña análoga al Sol.

A medida que envejece, la estrella se transforma en una **gigante roja**.

Las estrellas comienzan siendo nubes gigantes de polvo y gas. Estas **nebulosas** son el lugar de nacimiento de las estrellas.

El ciclo de vida de una estrella de poca masa

Una nebulosa planetaria se forma cuando una estrella agonizante expulsa sus capas exteriores de gas.

La estrella se convierte en una **enana blanca** cuando su núcleo comienza a enfriarse y encogerse.

Cuando se termina la energía de una estrella, esta se convierte en una **enana negra**.

El ciclo de vida de una estrella masiva

Se forma una estrella masiva.

Cuando la estrella produce menos energía, forma una gigante roja.

Algunas explosiones hacen que el polvo y el gas se expandan en grandes áreas. Se forma una nueva nebulosa.

Cuando el núcleo de la estrella colapsa, la estrella explota en una **supernova**.

Tras una explosión, puede formarse una densa **estrella de neutrones**.

Las estrellas más grandes colapsan en **agujeros negros**. La gravedad es tan fuerte que nada, ni siquiera la luz, puede escapar.

PLANETAS INTERIORES

Ocho planetas giran alrededor del Sol. Se han descubierto alrededor de cien Lunas. Hay cerca de un millón de **asteroides** y miles de millones de **cometas**. ¿Cómo podemos aprender acerca de todos estos lugares y objetos?

Mercurio y Venus son los planetas más cercanos al Sol. Ambos tienen temperaturas extremas. Esto hace que el aterrizaje de una nave espacial allí sea un desafío. Pero los científicos han enviado dos **sondas** para visitar estos planetas interiores. En la década de 1970, los Estados Unidos enviaron la sonda Mariner 10. Esta envió fotos e información a la Tierra. La tecnología ha mejorado desde entonces. Hoy en día, la sonda Messenger visita los dos planetas directamente.

Messenger es la abreviatura de "MErcury Surface, Space ENvironment, GEochemistry and Ranging" (superficie, ambiente espacial, geoquímica y amplitud de Mercurio).

Los científicos preparan la Messenger para viajar a Mercurio y Venus.

La nave espacial Cassini-Huygens fue lanzada en 1997. Tras siete años llegó a Saturno y el orbitador de la Cassini liberó la sonda Huygens en la superficie de Titán, una de las Lunas de Saturno. Se espera que la sonda continúe transmitiendo **datos** hasta 2017.

PREGUNTAS DE SONDEO

Una sonda es una nave espacial sin tripulantes. Tiene instrumentos especiales que recogen datos. Luego envía la información que ha recopilado a los científicos de la Tierra. Los científicos que diseñaron los instrumentos a veces tienen que esperar varios años para saber si todo lo que enviaron con la sonda funciona bien.

11

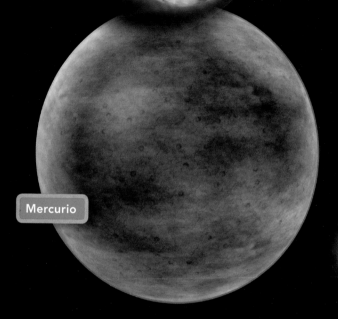

La Tierra podría contener dieciocho planetas del tamaño de Mercurio.

Mercurio

MERCURIO

Mercurio es el planeta más cercano al Sol. Es un lugar rocoso y pequeño, difícil de ver desde la Tierra. Con frecuencia está oculto por el resplandor del Sol. La superficie de Mercurio está cubierta por arrugas profundas. Los científicos creen que estos dobleces se formaron cuando el planeta se enfrió hace millones de años. Este planeta tiene una atmósfera muy pequeña. Esto hace que experimente los cambios de temperatura más drásticos de todos los planetas del sistema solar.

VENUS

A veces se llama a Venus el gemelo de la Tierra. No solo es el planeta más cercano a la Tierra. También es el más parecido. Ambos planetas tienen más o menos el mismo tamaño. Su composición es parecida. La diferencia más importante se encuentra en el aire más que en el suelo. La atmósfera de Venus está formada por **ácido sulfúrico**. También hay **dióxido de carbono**. Estos dos componentes químicos son letales para los seres humanos si los respiran.

Venus

Venus rota tan lentamente que pasan más de cien días terrestres antes de que en Venus comience un nuevo día.

DAR VUELTAS Y MÁS VUELTAS

Venus gira en el sentido de las agujas del reloj. Esto es lo opuesto a lo que hacen los otros planetas de nuestro sistema solar. ¡Significa que en Venus el Sol sale por el Oeste y se pone por el Este!

Venus

otros planetas

MARTE

Marte ha intrigado a las personas durante muchos años. Los antiguos griegos y romanos podían encontrar fácilmente el planeta rojo en el cielo. Más tarde, los científicos notaron líneas angostas en su superficie. Las personas imaginaron que eran **canales** construidos por una raza extraterrestre. Imágenes más nítidas demostraron que los "canales" solo eran una **ilusión óptica**. Pero el planeta rojo sigue fascinándonos hoy en día. Recientemente, los científicos encontraron **pruebas** de agua en Marte. También encontraron indicios que hacen presuponer que han vivido ciertas bacterias en el planeta rojo. Si eso es verdad, ¡sería la primera prueba de que hay vida en otros lugares además de la Tierra!

UN SEGUNDO HOGAR

Sin contar la Tierra, Marte es el planeta más acogedor para la vida humana. Hay muy poco aire y es muy frío. Pero sus días duran un poco más que 24 horas. El suelo rojo y rocoso es apropiado para estar de pie. Sin embargo, las estaciones son dos veces más largas que las de la Tierra. Si se comprueba que realmente hay agua, los exploradores de la Tierra podrían usarla algún día para sobrevivir durante años.

CADA VEZ MÁS CURIOSO

El 6 de agosto de 2012, el explorador Curiosity aterrizó en Marte. Este robot está diseñado para funcionar como explorador, químico, geólogo y fotógrafo. Recoge datos que ayudan a los científicos a descubrir si existió vida en Marte.

Nadie ha visitado Marte todavía, pero tres exploradores han aterrizado en el planeta y envían información a la Tierra.

MAPAS DEL SISTEMA SOLAR

En el futuro, los seres humanos podrían construir casas en otros planetas. Lentamente, los científicos están realizando mapas del sistema solar. Cada misión nos enseña más acerca de lo que se encuentra en las cercanías.

Marte

Marte se ve de color rojo porque el suelo tiene mucho óxido de hierro. Eso es hierro oxidado.

Venus

Existen alrededor de 1,600 volcanes en Venus.

La Tierra

Mercurio

La temperatura de Mercurio varía más que la de cualquiera de los otros planetas. Durante el día puede alcanzar una temperatura máxima de 427 °C. Por la noche, ¡la temperatura desciende a -183 °C!

Neptuno

Neptuno tiene la órbita más grande. ¡Tarda alrededor de 164 años terrestres dar una vuelta alrededor del Sol!

Urano

Cuando se descubrió Urano, los científicos creyeron que era una estrella más.

Saturno

Muchos científicos creen que una de las Lunas de Saturno, Titán, puede contener vida debajo de su exterior gélido.

Júpiter

¡Júpiter tiene más del doble de masa que todos los demás planetas juntos!

¿Qué hay más allá? ¡Los científicos tienen ganas de poder responder esta pregunta!

LOS PLANETAS EXTERIORES

Los cuatro planetas más lejanos al Sol se conocen como los *planetas exteriores*. Los cuatro son planetas gigantes compuestos por gas. Comparados con la Tierra, son enormes. Es imposible no verlos, pero están muy distantes. Incluso cuando Neptuno se acerca a la Tierra, ¡todavía está a 2.7 mil millones de millas de distancia! Y le llevó más de un año a la nave espacial New Horizons llegar a Júpiter en 2007.

Júpiter

EL AMO DEL UNIVERSO LUNAR

Con más de 60, Júpiter parece tener más Lunas que cualquier otro planeta en el sistema solar.

JÚPITER

El planeta más grande del sistema solar alberga una de las tormentas más violentas de la **galaxia**. La superficie de la Tierra es rocosa. Pero la de Júpiter está compuesta principalmente por gas y líquido. Las franjas de color muestran los lugares donde las tormentas constantes y las grandes nubes giran en el cielo. La mancha roja gigante es uno de los huracanes de Júpiter. ¡Es más amplio que el ancho total de la Tierra! Esta fuerte tormenta se ha observado en los **telescopios** durante más de 300 años.

Debido a la fuerte gravedad de Júpiter, si uno pesa 90 libras en la Tierra, en Júpiter pesaría alrededor de 200 libras.

SATURNO

Saturno también es un gigante de gas. Durante cientos de años, las personas han admirado los hermosos anillos de Saturno. Los astrónomos informan de que los anillos están formados por hielo, roca y polvo. Con los años se han descubierto más de 60 Lunas en la órbita de Saturno.

VIAJEROS

En 1977, la Administración Nacional de Aeronáutica y del Espacio (NASA) lanzó las sondas espaciales Voyager 1 y Voyager 2. Se esperaba que viajaran en una misión de cinco años para explorar Júpiter y Saturno. Pero las sondas Voyager demostraron ser más fuertes de lo que se había imaginado. Todavía hoy continúan explorando nuevos mundos. La Voyager 2 es la única sonda que ha visitado Urano y Neptuno. Ambas naves se están acercando a las fronteras de nuestro sistema solar. Parecen tener la suficiente potencia como para enviar datos hasta 2020.

Saturno

Los astrónomos dicen que la fuerza de atracción de las Lunas de Saturno ayuda a las partículas de los anillos a permanecer alrededor de Saturno.

DISCOS DE ORO

Las sondas Voyager transportan discos de **fonógrafo** de oro. Estos discos tienen la función de mostrar cómo es la vida en la Tierra a cualquier extraterrestre que los encuentre. Hay diagramas del sistema solar e imágenes de personas y animales. Contienen muestras de música e incluso del canto de las ballenas.

URANO

En 1781, Urano fue el primer planeta en ser descubierto con un telescopio. Es uno de los planetas más fríos del sistema solar. La temperatura media es de -371.2 °F. ¡Eso significa que es tres veces más frío que cualquier temperatura descubierta en la Tierra! Un día en Urano dura solo 17 horas. Urano tiene 27 Lunas. También tiene hermosos anillos. Saturno y Urano tienen mucho en común.

EL PLANETA DE LADO

La mayoría de los planetas giran de forma vertical sobre sus ejes. Pero Urano se inclina de lado mientras gira.

Urano

otros planetas

Neptuno

NEPTUNO

Incluso con un telescopio, este distante planeta parece pequeño y apenas perceptible. El gas de **metano** de la atmosfera de Neptuno hace que parezca de color azul. Se cree que Neptuno tiene un núcleo rocoso. El núcleo está recubierto de agua helada, **amoníaco** y metano. La Voyager 2 pasó más cerca del planeta que nunca.

SACUDIDO POR LOS VIENTOS

Neptuno es un mundo tormentoso. Los científicos han observado vientos que soplan a 1,200 millas por hora. El ciclón más fuerte registrado en la Tierra pasó por Australia en 1996. El viento alcanzó la velocidad de 253 millas por hora.

EL PLANETA OLVIDADO

Plutón fue descubierto en 1930. Los astrónomos lo llamaron el "noveno planeta". Al principio parecía similar a los otros planetas. Pero luego los científicos encontraron muchos objetos helados más allá de Neptuno. Los científicos crearon una definición más precisa de "planeta", pero Plutón no encajó en ella. A diferencia de los planetas, Plutón orbita en torno al Sol en medio de **escombros**. Debido a esto, Plutón se considera un planeta enano.

Neptuno

¿QUÉ ES UN PLANETA?

- Los planetas giran en torno a estrellas, como el Sol.

- Tienen gravedad suficiente para tener forma esférica.

- Los planetas tienen "dominancia orbital". Esto significa que tienen suficiente gravedad como para eliminar los escombros cercanos y crear una órbita limpia.

El radio de Plutón tiene el tamaño de $\frac{1}{20}$ del radio de Neptuno.

"Lo que sabemos de Plutón podría llenar el dorso de una estampilla de correo. Los libros de texto deberán volver a escribirse una vez que se complete la misión. La verdadera naturaleza de la misión es encontrar la respuesta a preguntas que ni siquiera sabemos cómo formular".

—Colleen Hartman, científica de la NASA, hablando del lanzamiento de la sonda New Horizons hacia Plutón

LOS COMETAS

Cuando los cometas están en la profundidad del espacio, son muy estables. Pero, cuando están cerca del Sol, se convierten en bolas de polvo brillantes. Hasta hace poco teníamos escaso conocimiento sobre los cometas. En 1986, la Agencia Espacial Europea (AEE) envió la nave espacial Giotto para estudiar el cometa Halley. Giotto envió más de 2,000 imágenes a la Tierra. Seis años más tarde envió información sobre otro cometa. En 2014, los científicos planean enviar otra sonda que pueda aterrizar en un cometa activo.

AEROGEL

Esta sustancia liviana es la única capaz de recopilar las partículas de un cometa sin dañarlas. El aspecto del aerogel hace que parezca que podemos atravesarlo con la mano. Pero su tacto es parecido al de espuma densa.

aerogel

Millones de objetos rocosos se encuentran entre Marte y Júpiter. Algunos son grandes. Otros son muy pequeños. A veces, uno de estos objetos deja el cinturón de asteroides y se dirige hacia el espacio. Puede chocar contra un planeta. Si un asteroide de gran tamaño choca contra la Tierra, podría causar graves problemas. Por ejemplo, ¡una gran extinción!

¡ALERTA DE ASTEROIDES!

¡Un asteroide viene hacia la Tierra! Un pequeño grupo de héroes valientes toma un cohete y hace estallar el asteroide en mil pedazos, ¡la Tierra se ha salvado! Así es como ocurre en las películas. Pero, en la vida real, hacer estallar un asteroide en mil pedazos significaría que muchos más objetos chocarían contra la Tierra. Eso podría ser peor. Los científicos dicen que un mejor plan sería empujar suavemente el asteroide para desviar su trayectoria.

MIRAR Y ESCUCHAR

El espacio está lleno de objetos suficientes como para ocupar cien vidas de investigación. ¡O más! Entonces, ¿cómo podemos aprender acerca de estos objetos que se encuentran a millones de millas de la Tierra? Algunos pueden verse a simple vista. Así es como estudiaban el cielo nocturno los primeros astrónomos. Con sus simples observaciones, su curiosidad crecía. Hoy en día usamos una tecnología más avanzada. Algunos artefactos están aquí en la Tierra. El resto está en el espacio exterior.

Los miembros de la tripulación se preparan para el primer vuelo espacial no dirigido por un organismo gubernamental.

"El espacio es grande. Es difícil creer cuán vasto, enorme y alucinantemente grande es. Lo que quiero decir es que uno puede pensar que hay un largo camino hacia la farmacia, pero eso es algo insignificante en comparación con el espacio".

—Douglas Adams, escritor

El espectro electromagnético

La **radiación electromagnética** es energía que llena el universo. El **espectro** electromagnético se compone de diferentes longitudes de onda. Cada tipo de longitud de onda nos ayuda a "ver" diferentes partes del universo. El espectro electromagnético está compuesto por siete tipos de longitudes de onda: ondas de radio, microondas, ondas infrarrojas, ondas visibles de luz, radiación ultravioleta, rayos X y ondas gamma. Lee más abajo para aprender acerca de las diferentes longitudes de onda y cómo se usan.

Las microondas se usan para cocinar comida. Los hornos de microondas recibieron su nombre de ellas.

longitud de onda

ondas de radio	microondas	ondas infrarrojas

10^2 1metro 10^{-1} 10^{-2} 10^{-3} 10^{-4}

Las ondas de radio se usan para enviar señales de radio, señales de televisión e incluso señales de teléfonos celulares.

Las ondas infrarrojas vienen en muchas formas. Algunas ondas infrarrojas producen el calor que sentimos cerca del fuego.

¡ALTO!
PIENSA...

- ¿Qué longitudes de onda son visibles para los seres humanos?

- ¿Qué longitudes de onda son las más cortas? ¿Cuáles son las ondas más largas?

- ¿Por qué crees que los humanos solo podemos ver algunos tipos de energía?

Algunas de las galaxias más grandes del universo son poderosas fuentes de rayos X.

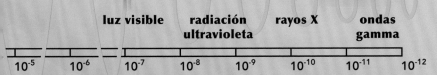

| luz visible | radiación ultravioleta | rayos X | ondas gamma |

| 10^{-5} | 10^{-6} | 10^{-7} | 10^{-8} | 10^{-9} | 10^{-10} | 10^{-11} | 10^{-12} |

Los objetos calientes, como el Sol, son fuentes poderosas de radiación ultravioleta.

Los rayos gamma pueden ser producidos por las supernovas.

LOS TELESCOPIOS

Los telescopios fueron algunos de los primeros dispositivos que se usaron para ver objetos en el espacio. Todavía están dentro de las mejores herramientas. Al principio, los telescopios eran solo tubos con una serie de lentes de vidrio dentro. Pero el vidrio era difícil de moldear de forma perfecta. Y era pesado. Entonces, las personas descubrieron que podían usar espejos para resolver estos problemas. Hoy en día, los telescopios de alta tecnología también usan computadoras para analizar las imágenes.

GALILEO GALILEI

El científico italiano Galileo Galilei construyó su propio telescopio para estudiar el cielo nocturno. A principios del siglo XVII, fue una de las primeras personas en estudiar sistemáticamente las estrellas y los planetas usando esta nueva herramienta. Descubrió las cuatro Lunas más grandes de Júpiter. También vio los anillos de Saturno. E incluso divisó Neptuno, aunque no sabía qué era.

¿QUÉ HAY DETRÁS DE UN NOMBRE?

Actualmente llamar a un científico por su apellido es un signo de respeto. ¿Por qué llamamos a Galileo por su nombre entonces? Porque así se llamaba él a sí mismo. Este científico italiano vivió en Italia durante un tiempo donde los **apellidos** eran opcionales. En cambio, él decía: "Soy Galileo, hijo de Vincenzo". O también podía decir: "Soy Galileo de Florencia".

TELESCOPIOS ESPACIALES

La atmósfera de la Tierra puede curvar o hacer rebotar la luz que viene hacia nosotros. Eso es bueno para la vida en la Tierra. Nos protege de la radiación dañina. Pero no es tan bueno si uno quiere ver los objetos del espacio. Por eso, los científicos han enviado algunos telescopios especiales al espacio. Esto les permite ver la luz a distancia sin la interferencia de la atmósfera.

EL TELESCOPIO REFLECTOR

Telescopio es una palabra griega que significa "ver de lejos". Hace unos pocos cientos de años, los primeros telescopios estaban construidos con lentes. Pero los científicos querían ver los objetos distantes con más nitidez. El telescopio reflector permitió a los astrónomos ver otras galaxias. Descubrieron que el universo se está expandiendo. El uso de los telescopios reflectores cambió nuestra idea del universo y el lugar que la Tierra ocupa en él.

I La luz entra por el extremo abierto del telescopio reflector.

espejo secundario

3 El espejo secundario refleja y enfoca la luz dentro de un orificio en el espejo primario.

punto focal

AÑO LUZ

Un **año luz** es la distancia que puede recorrer la luz en un año. La luz viaja muy rápido. Pero tarda cierto tiempo trasladarse de un lugar a otro. Esto significa que, cuando estamos mirando el cielo nocturno, ¡en realidad estamos mirando hacia el pasado! Cuanto más lejos se encuentra algo, más atrás en el tiempo lo estamos viendo. Si un objeto está a 1,000 años luz de distancia, ¡entonces la luz que vemos de este fue irradiada hace 1,000 años!

2 Las ondas de luz viajan hacia un espejo curvo.

espejo primario

lente ocular

4 El espectador puede ver un objeto distante a través de la lente ocular.

EL TELESCOPIO ESPACIAL HUBBLE

El 24 de abril de 1990, la NASA estrenó un telescopio espacial del tamaño de un autobús. Las imágenes del telescopio espacial Hubble pueden ser asombrosas por su detalle y belleza. Pero no son siempre exactamente como las veríamos a simple vista. Desde la Tierra, las estrellas distantes parecen puntos de luz. Pero el telescopio Hubble puede acercarlas. Es como un ojo gigante en el cielo.

UN UNIVERSO EN EXPANSIÓN

El telescopio espacial Hubble recibe su nombre del astrónomo Edwin P. Hubble. Es famoso por haber descubierto que el universo está en expansión. Esto llevó al desarrollo de la **teoría del *Big Bang***. Uno de los descubrimientos más grandes del telescopio Hubble es que el universo continúa en expansión ¡más rápido que antes!

CÓMO FUNCIONA EL HUBBLE

1 El sensor del telescopio registra la luz de un objeto distante.

2 Se envían imágenes en blanco y negro a la Tierra. Los científicos terrestres usan programas de computadora para analizar la información y combinar las fotografías.

4 Los colores pueden usarse para mostrar cómo se ve realmente el objeto. O pueden usarse para resaltar detalles o información importante.

3 Generalmente tienen tres imágenes para combinar y asignan un color diferente a cada una.

OTROS OBSERVATORIOS

No toda la información que llega a la Tierra desde el espacio lo hace en forma de luz visible. Los objetos que se encuentran en el espacio envían muchos tipos de energía. Los gigantes de gas envían ondas de radio. El Sol envía ondas sonoras. Algunos objetos envían rayos gamma y ondas gravitacionales. Los **observatorios** que se encuentran en el espacio y en la Tierra buscan todas estas ondas y muchas más.

EL TELESCOPIO DEL POLO SUR

El Polo Sur no solo es frío. Durante el invierno, el Sol nunca sale. El aire es extremadamente seco porque toda la humedad se congela. Esto lo convierte en un lugar prefecto para observar el espacio. El telescopio del Polo Sur monitoriza la radiación proveniente del espacio. Los científicos usan la información para analizar las posibles variaciones en busca de datos sobre el *Big Bang*.

TELESCOPIO ESPACIAL DE RAYOS GAMMA FERMI

El telescopio Fermi fue una iniciativa internacional. Tiene un telescopio de gran área (*LAT*) y un monitor de estallidos de rayos gamma. Los datos recopilados ayudarán a los científicos a responder a preguntas acerca de algunos de los lugares más misteriosos del universo.

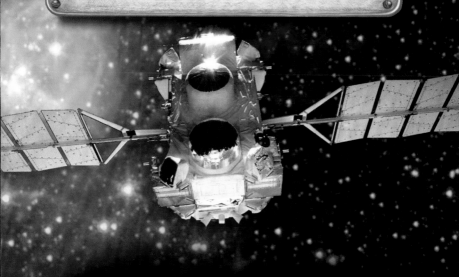

El proyecto del Observatorio Heliosférico y Solar (*SOHO*) fue diseñado para estudiar la estructura del Sol, su atmósfera y el viento solar. Unas grandes antenas parabólicas de radio alrededor del mundo controlan la nave espacial y descargan datos.

NUESTRO LUGAR EN EL ESPACIO

¿Qué hay más allá de nuestro sistema solar? ¿Cómo nos afectan los acontecimientos del universo en la Tierra? ¿Existe vida en otros planetas? ¿Cómo podemos aprender más acerca de estas cosas si el universo es tan grande?

Se han construido telescopios potentes. Y muchas de nuestras preguntas están comenzando a recibir respuestas. Los científicos pueden medir las distancias hacia otras galaxias. ¡Ahora lo único que tienen que hacer es construir las naves espaciales que nos lleven allí!

LOS VECINOS DE AL LADO

La estrella más próxima a la Tierra es Próxima Centauri. Su nombre significa "más cercana a". Está a alrededor de 4.2 años luz de distancia y tiene una masa mucho menor que nuestro Sol. Forma parte de un sistema triple de estrellas. Este sistema está compuesto por tres estrellas. Estas giran las unas alrededor de las otras.

"En algún lugar, algo increíble está esperando ser descubierto".

—Carl Sagan, científico

Alfa Centauri A y B tardan alrededor de 80 años en rotar la una en torno a la otra. Próxima Centauri tarda cerca de 500,000 años en rotar alrededor de estas estrellas.

Próxima Centauri

Alfa Centauri A

Alfa Centauri B

CONSTELACIONES

Hace tiempo que los astrónomos han notado patrones en el cielo. Las estrellas parecen moverse por el cielo en grupos. Cuando las personas miraban el cielo nocturno, se imaginaban historias maravillosas. Algunas creían que las estrellas eran héroes a los que se honraba en un lugar del cielo.

Hace mucho tiempo, los astrónomos dividieron el cielo en 12 partes. Esto les permitió encontrar grupos de estrellas en el cielo. En cada sección vieron imágenes en las estrellas. En diferentes partes del mundo, las personas veían imágenes distintas. Pero las más conocidas hoy en día son las que usaban los romanos.

EL SOL Y LA LUNA

Las personas también crearon historias acerca del Sol y la Luna. Un grupo creía que el Sol era una carroza en llamas conducida por un dios. Un cuento dice que la Luna fue destrozada en pedazos por un rival furioso y que luego su amante volvió a rearmarla.

SIGNOS DEL ZO

Capricornio
la cabra

Sagitario
el arquero

Acuario
el aguador

Piscis
el pez

Aries
el carnero

Tauro
el toro

Géminis
los gemelos

el Sol

la Tierra

Cá
el ca

UN SIGNO DE LOS TIEMPOS

Los pueblos primitivos usaban las constelaciones para la siembra y la cosecha. Por ejemplo, cuando los signos de Tauro, Virgo y Capricornio aparecían en el cielo, sabían que debían plantar zanahorias y papas.

LA OBSERVACIÓN DE LAS ESTRELLAS

Este dibujo muestra algunas de las constelaciones principales y cómo encontrarlas en el cielo nocturno durante el invierno. Colócate de frente al Sur y sostén el dibujo por encima de tu cabeza. Las direcciones se ven al revés aquí, pero si las sostienes sobre tu cabeza, se alinearán correctamente. Busca las estrellas que aparecen en el dibujo. Nota: Este esquema es para el hemisferio norte. Si te encuentras en el hemisferio sur, necesitarás uno diferente.

Este

VIRGO

CORVE

Orión

Orión es una de las constelaciones más fáciles de encontrar. Muestra a un cazador vistiendo un cinturón. Una de las razones por las cuales es fácil de distinguir es que tiene dos estrellas muy brillantes en él.

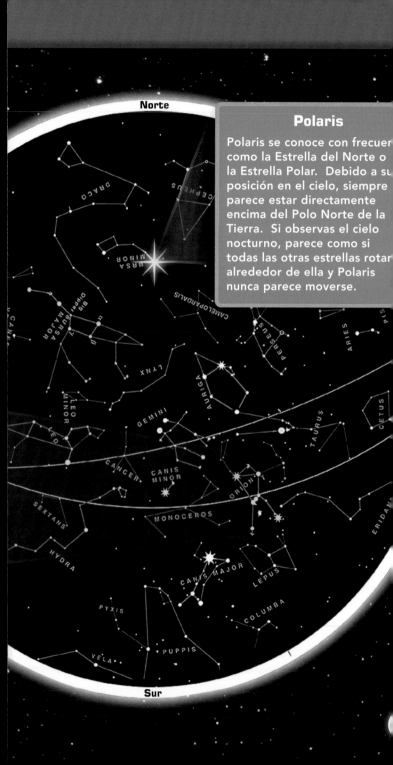

Norte

Polaris

Polaris se conoce con frecuen
como la Estrella del Norte o
la Estrella Polar. Debido a su
posición en el cielo, siempre
parece estar directamente
encima del Polo Norte de la
Tierra. Si observas el cielo
nocturno, parece como si
todas las otras estrellas rotan
alrededor de ella y Polaris
nunca parece moverse.

Sur

Una galaxia es un sistema enorme de estrellas que se mantienen unidas debido a la gravedad. ¡Hay por lo menos 100 mil millones de galaxias en nuestro universo! Tienen una sorprendente variedad de formas y tamaños. Nuestra propia Vía Láctea tiene forma de espiral. Los científicos creen que se formó hace alrededor de 10 mil millones de años. La Vía Láctea está rodeada por un grupo de otras 50 galaxias aproximadamente. Debido a que son las más cercanas a nosotros, las llamamos el Grupo Local.

Las galaxias que están fuera de la Vía Láctea están demasiado lejos como para poder visitarlas. Pero nos estamos haciendo una idea bastante acertada de cómo pueden ser. Los científicos usan equipos especiales para ver cosas que no pueden verse a simple vista.

Mira hacia el cielo sin usar ningún telescopio. Todas las estrellas que ves están dentro de la galaxia de la Vía Láctea.

Nadie sabe con certeza cuántas estrellas hay en la Vía Láctea. Se suele creer que se trata de miles de millones.

la Vía Láctea como la imaginó un artista

LA VISIÓN MÁS AMPLIA

Nuestro sistema solar es enorme. Contiene 8 planetas, más de 150 Lunas, el Sol y mucho más. Pero es solo una pequeña fracción de la galaxia de la Vía Láctea. Si el sistema solar fuera del tamaño de una canica, el resto de la Vía Láctea tendría el tamaño de casi la mitad de Canadá.

Las galaxias están agrupadas por su forma. Las galaxias en espiral tienen la misma forma que nuestra Vía Láctea. Son discos planos con brazos que dejan una estela. Se cree que las galaxias elípticas son las más antiguas. Son redondas u ovaladas y tienen estrellas rojas y amarillas. Las galaxias irregulares no tienen ninguna forma obvia. Puede ser que estén comenzando a formar brazos. Pero suelen estar constituidas por gas, polvo y estrellas azules calientes.

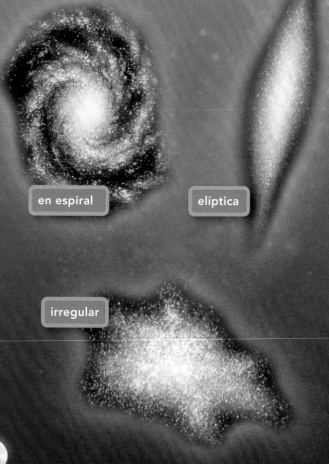

en espiral

elíptica

irregular

A veces, la gravedad ejerce una fuerza de atracción entre las galaxias y estas chocan entre sí. Debido a que estas colisiones ocurren durante miles de millones de años, lo que ven los científicos es solo una instantánea de la acción.

Esta imagen fue tomada por el telescopio espacial Hubble en 2008. Se cree que muestra dos galaxias combinándose tras haber chocado.

EL UNIVERSO

El universo es, en pocas palabras, un *todo*. Es todos los planetas, las estrellas, la materia y el espacio entre ellos. Es todo lo que conocemos y todas las cosas que todavía no hemos descubierto. Una de las metas de los exploradores espaciales es descifrar la verdadera naturaleza del universo. ¿Cómo comenzó? ¿Cómo terminará? ¿Cómo es de grande? Estas son preguntas difíciles, pero los científicos están aprendiendo cada vez más día a día.

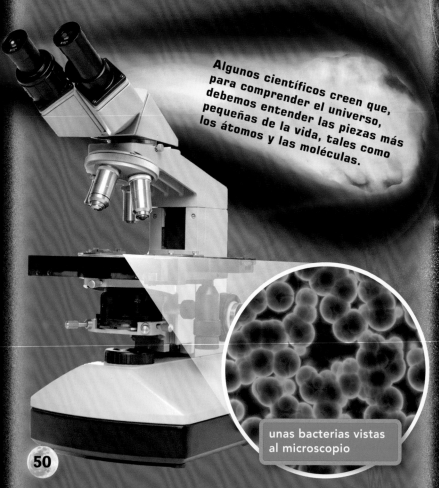

Algunos científicos creen que, para comprender el universo, debemos entender las piezas más pequeñas de la vida, tales como los átomos y las moléculas.

unas bacterias vistas al microscopio

¿CUÁNTAS ESTRELLAS HAY?

Si una galaxia tiene miles de millones de miles de millones de estrellas, ¿cuántas estrellas hay en el universo? Nadie lo sabe con seguridad. Pero en la actualidad se calcula que alrededor de 300 mil trillones. ¡Eso es 300,000,000,000,000,000,000,000 de estrellas!

MIL MILLONES DE CUMPLEAÑOS

Los científicos creen que el universo tiene unos 13.7 mil millones de años.

LA BÚSQUEDA DE LA VIDA

¿Existe vida en otros lugares fuera de la Tierra? Y si hay vida "ahí afuera", ¿cuál es la mejor forma de buscarla? Una forma es buscar planetas similares a la Tierra. Sabemos que la vida existe aquí. Así que es posible que exista en otros lugares que sean similares.

Los **exoplanetas** son planetas que existen fuera del sistema solar. Los científicos buscan planetas que estén en la zona de habitabilidad. Se trata de la zona alrededor de una estrella donde puede prosperar la vida. En esta zona no hace demasiado calor ni demasiado frío. Un planeta con agua líquida sería ideal.

FORMAS DE VIDA EXTREMAS

A veces, la exploración de nuestro propio planeta puede darnos una mejor idea de lo que puede haber en otros lugares. En 2005, los científicos de la NASA estudiaron muestras de hielo que tenían 32,000 años. No solo encontraron una nueva especie de bacteria, ¡sino que todavía estaba viva! El descubrimiento hizo que los científicos repensaran sus ideas sobre dónde podría encontrarse vida fuera de la Tierra. Que un lugar esté congelado no significa que no pueda existir vida allí.

¡LLAMANDO A TODOS LOS EXTRATERRESTRES!

¿Quieres ayudar en la búsqueda de inteligencia extraterrestre? La Búsqueda de Inteligencia Extraterrestre (*SETI*) es un proyecto que ha reunido a personas de todo el mundo. Todos tienen una meta común: encontrar vida inteligente en el espacio. ¿Quieres ayudar? ¡Usa tu computadora y únete a SETI para formar una supercomputadora que pueda llamar a todos los extraterrestres!

El Dr. Seth Shostak, astrónomo veterano de SETI

TRABAJAR JUNTOS

   Los científicos de todo el mundo están trabajando juntos para aprender más acerca del espacio. Los descubrimientos ocurren más rápido que nunca antes. Nadie sabe lo que podremos encontrar. Esto es lo que hace que la exploración espacial sea tan emocionante. ¿Qué nos deparará el siglo XXII? ¿Encontraremos vida en otros planetas? ¿Estableceremos una colonia en Marte? El momento de comenzar a explorar es ahora.

El astronauta estadounidense Joseph Acaba y los cosmonautas rusos Gennady Padalka y Sergei Revin se dan la mano.

55

TENEMOS CAPACIDAD DE DESPEGUE

El siglo xxi acaba de comenzar, pero ya hemos aprendido algunas cosas sorprendentes sobre nuestro sistema solar y lo que está más allá de él. Échale un vistazo a esta línea temporal. Si tuvieras que diseñar una misión espacial, ¿que te gustaría explorar?

1977

Se lanzaron la Voyager 1 y la 2 para estudiar Júpiter, Saturno y sitios más lejanos.

2011

Los científicos detectan océanos de vapor de agua fría rodeando una nueva estrella. Los científicos creen que esta estrella algún día puede tener planetas como la Tierra con agua líquida.

2011

Los científicos que trabajan en el telescopio espacial Kepler descubren dos planetas del tamaño de la Tierra que giran alrededor de una estrella distante. También descubren un planeta más grande en la zona de habitabilidad de otra estrella.

2008

Tras muchos estudios se confirmó que existe agua congelada en Marte.

¿2016?

El radiotelescopio SKA comienza la búsqueda de vida extraterrestre.

2005

Los científicos analizan muestras de hielo que tienen 32,000 años de antigüedad. Descubren bacterias vivas, lo que da lugar a nuevas preguntas sobre dónde buscar formas de vida.

¿2030?

Los seres humanos visitan Marte.

2012

El explorador Curiosity aterriza en Marte.

¿2018?

Se proyecta que comenzará a operar un telescopio extremadamente grande de Europa.

GLOSARIO

ácido sulfúrico: ácido fuerte incoloro que corroe muchas sustancias sólidas

agujeros negros: zona invisible del espacio con fuertes campos gravitatorios

amoníaco: gas incoloro de olor y sabor fuertes

año luz: distancia que recorre la luz en un año o unos 6 billones de millas

apellidos: nombres de familia

asteroides: rocas que orbitan alrededor del Sol

canales: vías fluviales construidas para navegar o irrigar

cometas: masas medianas heladas de gas, polvo y agua que orbitan en torno al Sol

constelaciones: grupos de estrellas que reciben nombres según su apariencia

datos: información

dióxido de carbono: gas incoloro que se forma especialmente cuando se queman o se descomponen las sustancias vivas

elemento: una de las piezas básicas que forman los objetos del universo

enana blanca: etapa final de emisión de luz de una estrella, cuando lo que queda del núcleo se enfría y encoge

enana negra: restos de una enana blanca tras enfriarse y dejar de emitir luz visible

escombros: restos de algo roto o destruido

espectro: serie o abanico continuo

estrella de neutrones: estrella muy densa que se forma tras el colapso de una estrella mucho mayor

exoplanetas: planetas fuera de nuestro sistema solar

fonógrafo: aparato que reproduce sonidos grabados en un disco

galaxia: sistema de estrellas, polvo y gas unidos por la fuerza de gravedad

gigante roja: restos de una estrella parecida al Sol cuando empieza a perder combustible y emite luz roja

gravedad: fuerza de atracción entre dos objetos con masa

ilusión óptica: imagen que parece distinta de lo que representa en realidad

masa: medida de la cantidad de materia o material de un objeto

metano: gas incoloro, inodoro e inflamable producido en la descomposición de la materia

nebulosas: enormes nubes de gas o polvo en el espacio profundo

observatorios: edificios con enormes telescopios

planetas: cuerpos que orbitan en torno a una estrella tras despejar el espacio a su alrededor

pruebas: señal externa que demuestra o rebate algo

radiación electromagnética: energía eléctrica o magnética que llena el universo, de los rayos gamma a las ondas de radio, incluyendo la luz visible.

sistema solar: grupo de planetas u otros cuerpos que orbitan en torno a una estrella (como el Sol)

sondas: naves espaciales diseñadas para explorar el sistema solar y enviar datos a la Tierra

supernova: gran explosión que ocurre cuando una estrella comienza a morir

telescopios: aparatos para ver objetos lejanos

teoría del *Big Bang*: teoría científica según la cual el universo se creó hace miles de millones de años como consecuencia de una gran explosión

ÍNDICE

BIBLIOGRAFÍA

Aguilar, David A. *Planets, Stars, and Galaxies: A Visual Encyclopedia of Our Universe*. National Geographic Society, 2007.

Descubre los misterios del espacio sideral. Fotografías en color del tamaño de una página, tablas de estrellas, mapas de la Luna y hechos divertidos que traen los lugares más alejados del universo a las palmas de tus manos.

Carson, Mary Kay. *Exploring the Solar System: A History with 22 Activities*. Chicago Review Press, Inc., 2008.

Aprende sobre el sistema solar y el papel de los telescopios, los satélites, las sondas, los aterrizadores y las misiones humanas en la historia de la exploración espacial. Este libro también incluye 22 proyectos interactivos que te ayudarán a aprender sobre los planetas y otros cuerpos celestes.

Jankowski, Connie. *From Hubble to Hubble! Astronomers and Outer Space*. Teacher Created Materials, 2008.

Edwin Hubble cambió nuestra visión del universo. Cuando trabajaba en un observatorio, descubrió que existen otras galaxias además de la Vía Láctea. También demostró que el universo está en constante expansión. Encuentra más información sobre este sorprendente hombre aquí.

Jedicke, Peter. *SETI: The Search for Alien Intelligence*. Smart Apple Media, 2003.

Sigue la interminable búsqueda de civilizaciones extraterrestres con las sondas espaciales, la robótica y otras nuevas tecnologías. Este libro también explora por qué los científicos creen que es posible que haya otras formas de vida inteligente más allá de la Tierra.

Stott, Carole, Robert Dinwiddie, David Hughes y Giles Sparrow. *Space: From Earth to the Edge of the Universe*. DK Publishing, 2010.

Experimenta las maravillas del espacio desde la Tierra, a través de los planetas y las galaxias hasta los límites exteriores del universo. Este libro presenta fotografías sorprendentes de la NASA.

MÁS PARA EXPLORAR

NASA Kids' Club

http://www.nasa.gov/audience/forkids/kidsclub/flash/index.html

Aprende acerca del espacio y las misiones de la NASA a través de videos, fotografías y juegos divertidos. Incluso puedes averiguar cuáles serían tu edad y tu peso en otros planetas.

The Rosetta Mission

http://www.esa.int/SPECIALS/Rosetta/index.html

Aprende sobre la misión Rosetta de la Agencia Espacial Europea en este sitio web. Observa el modelo animado en 3D y las fotografías, y ve los vídeos y las animaciones de la sonda Rosetta.

Science News for Kids

http://www.sciencenewsforkids.org

Visita este excelente sitio científico con las últimas noticias escritas especialmente para los niños. Encontrarás actividades, enlaces a concursos y fotos fascinantes. Haz clic en *Earth & Sky* para ver las historias más recientes sobre el espacio.

Search for Extraterrestrial Intelligence

http://www.planetary.org/explore/projects/seti

Este artículo explica qué es *SETI*, quiénes trabajan en *SETI* y cuál es la importancia del programa.

Windows to the Universe

http://www.windows2universe.org/

Explora los misterios de la Tierra, nuestro sistema solar y el espacio. Este sitio incluye la página de *Kids' Space* donde puedes jugar juegos divertidos, obtener respuestas de los científicos y enviar postales virtuales a tus amigos con hermosas imágenes de tus planetas favoritos y paisajes del espacio.

ACERCA DE LA AUTORA

Stephanie Paris se crió en California. Recibió su licenciatura en psicología en UC Santa Cruz y sus credenciales de docente en CSU San José. Ha sido docente de aula de la escuela primaria, docente de computación y tecnología de la escuela primaria, madre que imparte educación en el hogar, activista educativa, autora educativa, diseñadora web, *blogger* y líder de las *Girl Scouts*. ¡La señora Paris adora la exploración! Le encantaría poder explorar el espacio. Mientras tanto, vive en Alemania con su esposo y sus dos hijos.

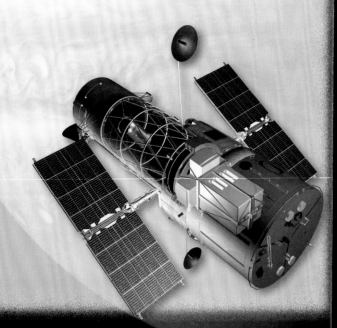